DÉTACHEMENS

DE

LA LANGUE

PRIMITIVE.

DÉTACHEMENS

DE

LA LANGUE

PRIMITIVE:

Celle des Parisiens avant l'invasion des Germains, la venue de César, & le ravage des Gaules.

Par M. LE BRIGANT, Avocat.

Quæ omnia ferè Gallis incognita.
CÆSAR, *de Bell. Gall. lib.* 4.

A PARIS,

Chez L'AUTEUR, Hôtel Duguesclin, rue de Seine,
Fauxbourg Saint-Germain.
Et chez CAILLEAU, Imprimeur-Libraire, rue Gallande
Nº. 64.

Avec Approbation & Privilège du Roi.

1787.

DÉTACHEMENS
DE
LA LANGUE
PRIMITIVE.

INTRODUCTION,

Servant & de Préface, & d'Epître Dédicatoire.

Il est rare d'aimer ce qu'on ne connoît point; & il est impossible de priser, ce dont on n'a pas même l'idée. Faire connoître un objet intéressant, & reclamer pour lui, une partie de l'*estime* dont il est effectivement digne, est le but du présent projet. On espère l'exécuter avec honneur, & à l'avantage de ceux pour lesquels on le forme, parce que la vérité a des droits bien forts, & contre lesquels il est difficile de prescrire.

Des circonstances singulières, & qui se rencontrent rarement, ont transmis à l'Auteur, le dépôt du plus précieux des titres de *la Langue* des ancêtres des anciens Gaulois, proche parens des siens, c'est-à-dire, issus de la même souche; de l'instrument le plus utile pour le premier *des Arts*, celui de la parole; du monument enfin, le plus curieux de tous ceux qui peuvent intéresser les hommes.

C'est précisément ce que l'on vient offrir, en sollicitant pour l'objet, l'attention à laquelle on assure qu'il a droit de prétendre.

Si l'on proposoit aux Dames de la plus belle Ville du monde, de supprimer tout d'un coup cet étalage fastueux qui embarrasse leurs jolies têtes, les surcharge d'ornemens superflus, & fait, pour ainsi dire, éclipser les grâces; on coureroit risque d'indisposer, au lieu de se faire écouter. Si, pour tâcher de persuader, on disoit que tout cela n'a rien que d'étranger à la beauté; qu'il ne fait, que l'offusquer, ou même la faire disparoître; pourroit-on se flatter de n'être pas hué?

C'est cependant quelque chose de semblable, qu'on propose, mais sur un autre objet, pour lequel on n'entend aucunement changer le *goût*, l'*usage*, ni la *mode*. Mais, comme on pense qu'il est permis, quand on connoît bien *une chose*, de dire ce qu'elle est, de montrer ce qu'elle étoit, & les variations

auxquelles elle a été expofée; perfonne ne doit trouver à redire à ce que l'on fait en ce genre. En laif-
fant donc les chofes comme elles font, & la liberté du choix, entre l'*ancien* & le *moderne*; on
fe bornera dans cette efquiffe, à faire voir quelle
étoit *la Langue des François*, avant les époques
mentionnées au titre; quels font les changemens
qu'elle a éprouvés, & les avantages qui lui en font
venus; & enfin, fi ceux-ci valent effectivement le
prix qu'on y met, & la valeur qu'on leur donne.

PREMIERE PARTIE.

Quelle étoit la Langue des Gaules, il y a deux mille ans ?

CE premier point ne sera pas difficile à établir ; & il n'y aura que les *agnotes* du premier rang, qui pourront là-dessus avoir quelque doute.

En effet, les Gaulois étoient *Celtes*, comme nous l'atteste Jules-César dans ce passage du commencement de son Livre de la Guerre des Gaules. « Ceux, qui dans leur Langue sont appellés *Celtes*, » dans la nôtre sont nommés Gaulois ».

Les Parisiens habitans au milieu des Gaules, étoient Gaulois comme leurs frères, dont ils étoient entourés. Ils étoient conséquemment *Celtes* ; à moins qu'on ne détruise le témoignage de ce Romain, de *fatale* pour eux, & de glorieuse mémoire.

Son témoignage est trop authentique, & il les connut de trop près, pour que l'on soit, à leur sujet, dans le cas de s'en rapporter à d'autres.

Comme *la Langue* d'un Peuple est la chose, qui, pour l'ordinaire le *caractérise* & le distingue plus particulièrement, on peut aisément déduire la conclusion : que les Parisiens étant *Celtes* ou Gaulois, la Langue des Parisiens étoit, sans contredit, la Langue *Celtique*, où l'ancienne Gauloise.

Dans cet endroit, on est forcé de faire une observation, que César, étranger aux Gaulois, malgré ses connoissances, a été hors d'état de faire : que ces Celtes, comme eux-mêmes se nommoient, étoient divisés en deux branches différentes.

L'une, étoit celle des Celtes *Gomérites*, descendans de *Gomer* ; & l'autre, des Celtes *Scithes*, descendans de *Magog*, le puîné de l'autre. Les premiers ont peuplé l'Europe, avant qu'elle eût d'autres habitans ; & les seconds, enfans du *cadet*, qui habitoient le Nord, ont fait ce qu'on nomme *invasion*, & se font jettés sur le partage des autres.

Le mot seul Allemand, *All eman*, celui-ci est un autre, un étranger, & qui n'est pas de la Nation ; le même pour la signification, que *Allo bro*, & *Allo ghène*, d'un autre pays, ou né ailleurs, dépose avec autant de certitude que de poids, que les Germains ou Allemands, quoique Celtes, n'étoient pas Celtes *Gomérites*.

La Nation des Germains, avec toutes ses branches, fait encore la même preuve, & rend la même déposition aujourd'hui, sa langue le certifie ; &, comme disoit la servante à Pilate, *loquela manifestum facit.* Ce n'est donc pas la Langue des Germains, qui fut celle des Gaules originairement, mais celle qui conſerve encore ſon nom, l'ancien *Gaulois*, autrement le Celtique.

On va voir en quoi il conſiſtoit ; & pour le montrer, il ne faudra pas un grand étalage. Un témoignage bien authentique & bien précis, nous donne, à cet égard, une idée, qu'il ne faudra que développer ; c'eſt celui de Diodore de Sicile, au Livre 41 de ſa Bibliothèque Hiſtorique : « la » Langue des Celtes, dit-il, eſt conciſe, élevée, » & laconique, & ſupérieure au langage efféminé » des Grecs & des Romains ».

Elle étoit, comme il l'atteſte, & telle qu'elle l'eſt encore aujourd'hui, ſimple & briève, régulière & parfaite, facile & ſans embarras.

En effet, elle ne conſiſte qu'en une ſeule choſe, qui ſe dédouble en deux parties ; celles qui conſtituent toutes les autres Langues, la parole ou l'aſſemblage des ſons que produit la bouche de l'homme, pour former les mots, & pour exprimer les penſées.

Ces deux parties, au fond la même, ſont, le *nom*, qui déſigne la choſe ; & le *verbe*, qui exprime la façon d'exiſter.

Ce nom ſe réduiſant à deux eſpèces ; le ſubſtantif ſignifiant la choſe, & l'adjectif marquant ſa qualité.

Ce même nom immuable, & ne prenant d'augment ou d'addition de fillabe, que pour diftinguer le genre, le nombre & le degré de comparaifon.

Ces degrés de comparaifon , au nombre de cinq , égarés ou perdus dans les autres Langues de la terre, & ne fe retrouvant tous les cinq que dans celle dont il s'agit.

Les mots radicaux , tous monofyllabes ; le tiers au moins, repréfentant par le fon la chofe, & faifant ce que les Grecs nomment *Onomatopée.*

Ces noms devenans, par le moyen ou l'addition d'une fyllabe particulière à chaque efpèce, invariable & caractériftique, le fond & la bafe de tous mots compofés, dans lefquels la racine fe retrouve, fe reconnoît toujours ,fans qu'elle s'efface ou qu'elle ceffe d'y être.

Le verbe, d'un autre côté, le Signe de l'exiftence ou du paffage, fortant des deux racines, *é*, il eft; & *a*, il va; donnant l'être & la forme à tout ce qui a nom *verbe*, & qui s'appelle conjugaifon.

De forte qu'en connoiffant celle-ci, qui ne confifte que dans le changement ou motion de fix à fept fillabes, on eft tout d'un coup au fait des autres conjugaifons, dans les Langues qui en font pourvues; & l'on ne trouve aucun verbe, qu'on ne foit en état de conjuguer.

Enfin, la Sintaxe, ou arrangement du difcours,

étant auſſi régulière que ſimple , & aïant des principes auſſi clairs que précis ; & étant, en un mot,
invariable comme la Nature , & pouvant s'apprendre en moins d'un demi jour.

Telle étoit cette belle Langue , & telle elle
ſe retrouve encore chez les deſcendans de ces
anciens *Celtes* , chez leſquels heureuſement elle
tient juſqu'à préſent.

Ce qu'il y a de ſingulier, c'eſt que toutes les
autres Nations de la terre, s'en ſervent ſans la
connoître; mais, c'eſt un autre point qu'on doit
montrer ailleurs.

On va donc ſe reſtraindre à ce qu'on a promis ; à
prouver à MM. les *Pariſiens*, qu'ils ne parlent que
cette même Langue des Gaulois leurs ancêtres ;
mais qu'ils la parlent un peu *défigurée*, par l'altération des mots, & de leur prononciation ; par les
inutilités & les additions indiſcrètes , dont elle a
été ridiculement ſurchargée.

Mais ſur ce point il faut préſenter des exemples
pour preuves , & deſcendre dans un certain détail.

Pour commencer: la déclinaiſon eſt ſi étrangère
à cette Langue , & ſi incompatible avec elle ,
qu'elle n'a pu y tenir, même ſur les mots ſortis
du Latin, auxquels cette ſurcharge étoit venue des
Grecs.

Cette déclinaiſon eſt donc réduite aujourd'hui

au feul changement de genre , & à l'addition de la lettre *s* , pour marquer les pluriels ; la Langue Angloife a pris le même augment.

Exemple.

Le mot *Seigneur*, François, le même que le *Sénieur* ou le *Senior* Latin , ne change qu'en prenant cette lettre, qui marque le pluriel, *Seigneurs.*

Le Latin avoit emprunté ce mot, du Celtique Ombrien, fon père; *Zé én gour* , ou *our* , c'eft là l'ainé, le premier des enfans de la famille; duquel nom eft venu encore celui des *Senones* , le premier & le plus ancien Peuple des Gaules, defquels les Parifiens, *Baris i* , étoient une branche; comme le dit le mot Celtique, Hébreu, Caldéen, *Bar* fignifiant une branche dont on a fait une *barre ;* le mot Senones , *Zé én aou ni* , c'eft notre aîné, où ce font nos aînés, dit la même chofe, & eft le même nom que celui de *Hénetes* ou *Vénetes*; ainfi, rien de la déclinaifon Latine dans celle des Gaulois, qui ne fe fait que par le changement des prépofitions, ou les articles qu'on met au-devant du mot dont on veut fe fervir.

La conjugaifon du Latin n'a pas tenu plus heureufement chez nous; en effet, en mettant en exemple un verbe, on va montrer tout d'un coup, combien la conjugaifon Françoife fe rapporte à celle des Gaulois.

CHOISIR.	CHOAZ.
Je choisis.	Choazan.
Tu choisis.	Choazes.
Il choisit.	Choaz.
Nous choisissons.	Choazomp.
Vous choisissez.	Choazet.
Ils choisissent.	Choazont.

L'imparfait, le parfait ou aoriste, le plus que parfait & les autres temps, font de même. L'on voit d'un côté, le rallongement & les irrégularités entassées; mais cependant, la conjugaison restant au fond la même, & secouant toutes les terminaisons des Latins.

Il faut aussi remarquer de plus, que la conjugaison Françoise, formée de deux lambeaux de la Celtique, a pris le verbe pour les personnes du singulier du mode impersonnel, qui n'a que la troisième personne pour servir à toutes les autres ; & le reste au plurier du mode personnel, ou celui dans lequel chaque personne a sa propre terminaison.

Par quel accident singulier, ou par quel secret incompréhensible, cette Langue s'est-elle débarrassée du fatras, & des lambeaux dont on l'avoit surchargée ?

La Langue de la Nation, ce titre refpeĉtable & ntique, a repouffé le joug de la fervitude impofé par une Nation deftruĉtrice des autres ; & moins fameufe encore, par la valeur & les grandes aĉtions qu'elle a faites, que par fon goût pour l'oppreffion, les ufurpations & les rapines. La Nation Gau‐loife, qui préféroit la mort à la perte de la liberté, a recouvrée celle-ci, dans le *dire*, comme dans le *faire* ; dans la *réalité*, comme dans la *parole* ; dans l'*effet*, comme dans le *difcours*.

Le nom chez elle ne fe déclinoit pas, il eft rede‐venu ce qu'il étoit, toujours le même, indécli‐nable, & exempt de variation.

Ce nom étoit la racine du verbe, & il l'eft en‐core, ainfi qu'on l'a vu dans *choaʒ*, père de choix, & du verbe choifir ; & comme on le peut voir dans une mnltitude d'autres, qui offrent la même preuve & la même démonftration.

Les deux pronoms poffeffifs de la première & de la feconde perfonne, *ma* & *ta*, fubfiftans encore dans leur fimplicité, malgré les *mon*, *mien* & *miennnes* ; *ton*, *tien* & *tiennes*, qu'on a voulu leurs fubftituer. Il eft vrai que l'inutilité de ces derniers, auroit dû en autorifer la fuppreffion totale. En effet, dans la Langue originelle, *ma*, défignant tout ce qui appartient à moi ; & *ta*, tout ce qui eft à toi ; ils fuffifent pour tous les autres, dont ils

tiennent la place , en excluant toute équivoque &
toute confusion.

La Langue des Gaulois avoit des accens , que la
grossièreté des Romains a fait disparoître. Qu'en
est-il avenu? L'effet le plus triste & le plus déplo-
rable ; les mots les plus énergiques & les plus signi-
ficatifs , sont devenus des *Momies* & des *Squelettes*
vuides de sens , & du souffle de vie. Il faudra peu
d'exemples pour le démontrer , & l'on en donnera
de frappans , & de bien propres à opérer ce qu'on
appelle conviction.

Glaive , par exemple , en François , est le nom
d'une arme trauchante ou aigue , d'une épée ou
d'un sabre. Mais , ce n'est là que l'étiquette , & non
la signification en effet.

Ce glaive , est le *glévé* ou *klévé* , des Celtes Gomérites , nos pères. Or , celui-ci dit bien autre
chose , & n'est privé , ni d'esprit , ni de sens. *Ké
lé vé* , dit à la lettre , « ce qui seroit ou doit être ,
» la haie , la défense , le rempart. *Lé* , du serment ,
» de la Loi , de la promesse d'observer ce qui est
» juste , & de maintenir la seule chose qui soutient
» la société des humains ».

Quel effet n'auroit pas produit chez eux , la
connoissance exacte de ce terme , dans sa véritable signification? Combien d'hommes qui por-
tent ce *glaive* , & qui ignorent, quand ils s'en servent

pour

pour une autre fin que celle pour laquelle il leur est confié, ou mis entre les mains, qu'ils deviennent des *traîtres* & des *parjures*, des *lâches*, & par conséquent des *infâmes*; parce que le *traître* à la Loi, l'est à la Patrie.

Pour prouver qu'on n'avance rien que de vrai sur ce point, il suffira de reclamer les noms du même instrument dans quelques autres Langues.

Gladius, Latin; *Ghé lead i*, la haie, la défense de leur serment.

Schélach, Hébreu; *Zé ké léach*, c'est la haie, la défense du serment, de la Loi.

Makaira, Grec; *Ma ké ra*, Celtique, il fait ma défense, il est mon protecteur.

Pugnale, Espagnol; *Bo ghéen al lé*, il sera la défense du serment, de la Loi.

Kaffé, Mandingue; & *Fouli, ké a fé*, la haie, la défense de la foi, ou de ce qu'on a promis de garder, de tenir l'un envers l'autre.

Fongh ou *Fé onn ghé*, dans les mêmes Langues, la défense de notre foi, l'arme qui nous est confiée pour en être la protectrice, ou pour punir les infractions qui pourroient être faites contre elle.

Par quel hasard, si l'on entend ce que veut dire ce mot, ou plutôt, par quel concert merveilleux, ces Nations différentes ont-elles attaché cette signification unanime, univoque ou uniforme, au mot

B

donné pour exemple, & pour preuve de l'affertion ?

Par quelle autre avanture ou fatalité, la sup-
preſſion d'un accent a-t-elle ſuffi pour diſſiper le
ſon, faire qu'on n'entend plus ce que diſoit ce mot
ſi court & ſi énergique ; &, pour ainſi dire, inter-
rompre le beau concert qui réſulte de ce mot ?

Quel uſage cependant n'en auroit-on pas pu
faire, s'il avoit été conſervé avec ſon vrai ſens,
qui inſtruit de ſon uſage licite, & de ſa véritable
deſtination ? Il eût ſuffi pour détruire chez les Nations, qui auroient quelques ſentimens honnêtes
encore, cette fureur des combats ſinguliers, où
l'homme dépouille l'humanité, pour prendre la fé-
rocité de la bête ; devient ſemblable aux loups fu-
rieux, & aux tigres enragés, qui ne ſont ſatisfaits
& contens, que quand ils peuvent ſe dévorer l'un
l'autre, s'entre détruire, & s'éxterminer ?

Mais il faut laiſſer ce mot, qui rappelle des idées
trop triſtes, pour en prendre un autre, qui pourra
les diſſiper.

Ber lez, dans cette ancienne Langue, étoit au-
trefois, comme il eſt encore aujourd'hui, le nom
de cette production de la mer, qui ſert d'ornement
au beau ſexe ; & qui, blanche & pure, brillante &
intacte, eſt le ſimbole le plus naïf & le plus noble
de la pureté virginale, & de l'intégrité.

Ber lez, dit donc à la lettre, épanchement de lait, ou lait épanché. C'étoit le nom véritable de la perle, que l'on a eftropié des deux bouts, en mettant un *P* au commencement, à la place du *B*; & en fupprimant le *z* à la fin du mot.

Tacite, dans la vie d'Agricola, dit, que dans leur Langue, les Gaulois la nommoient *Perlam*; il en a impofé pour la finale, qu'il a terminé à la Romaine, en la déclinant; parce que, les Celtes ou Gaulois, n'aiant d'autre accufatif que le nominatif, n'ont jamais eu la terminaifon de celui-là en *am*. Si donc il n'avoit pas voulu décliner un nom indéclinable, il auroit dit *Perlez*; & en prononçant exactement *Ber lez*, tout comme nous.

Les Indiens la nomment *Béri*, *Beri*, écoulement de même; & Herréra, qui attefte l'Analogie & la Juftelle de la fignification; dit, « qu'elle naît » dans le fein de l'huitre; que dans fa naiffance, » elle eft de la molleffe du lait, & qu'elle durcit en » croiffant ».

Avec de femblables noms, on peut aifément connoître les chofes, leur nature, & leur origine, & ce qu'elles ont de plus effentiels. On les a malgré foi tous les jours fous les yeux; on les entend, on s'en fert, & on les prononce, avec quelque altération, il eft vrai, mais en même-temps, avec la perte de leur vraie fignification.

Qui croiroit, par exemple, que le *Bijou* François, n'eſt autre que notre *Biſaour* Celtique, *un
doigt d'or*, ou un ornement pour ce même doigt?
Que *Tréſor*, dans lequel on a fourré un *r*, qui le
défigure & déroute du *Theſaurus* Latin, n'eſt que
notre *Tez aour*, un tas, un amas d'or. Que l'*Au-
rore*, *Aurora*, n'eſt encore que notre *Or aour*,
la porte d'or de laquelle le ſoleil ſort comme un
époux radieux de ſon pavillon ou de ſa couche
nuptiale, pour chaſſer les ténèbres qui fuient à ſon
aſpect, pour reſſuſciter la lumière, & nous réjouir
en nous rendant le jour.

Tels étoient ces mots pleins de ſens, donnés aux
choſes, par celui qui en fit le premier inventaire;
& tels ils ſont encore chez ceux qui ſavent ce que
ces mots ſont faits pour ſignifier; portans ſur eux
conſtamment leur caractère, leur marque ineffa-
çable, & déſignans toujours clairement ce qu'ils
ſont deſtinés à repréſenter. Mais, comme de belles
monnoies tombées dans les mains de perſonnes qui
n'en connoiſſent plus la valeur, ni le titre; elles
ſont confondues indiſtinctement avec d'autres, &
emploiées ſans diſcernement, ni goût.

Si donc il exiſte encore, ainſi qu'il l'a été dit élo-
quemment il y a quelques années, « des Monu-
» mens, qui, ſans ſouffrir de la chute, ont été cou-
» verts par les ruines, mais que leur maſſe a défendu

» contre le fer des Barbares, & la dent vorace du
» tems, qui détruit tout «; on peut dire que *cette
Langue* eſt un des plus admirables; mais il ſeroit
honteux pour ceux qui en ont le dépôt, & ce ſeroit
une *choſe* à jamais reprochable, que, comme l'a
dit M. Guiton de Morveau, « elle reſtât plus long-
» temps dans l'oubli; & qu'il fût néceſſaire d'at-
» tendre, que d'une main ſavante, l'habitant d'un
» autre pôle vînt découvrir ſa baſe, & arracher
» la mouſſe que les ſiècles y ont dépoſé, ou mal-
» heureuſement laiſſé croître ». Le propriétaire lé-
gitime d'un bien, a toujours plus de droit que
l'étranger d'y porter la main pour le remettre en
état, & y faire les réparations néceſſaires; il doit
auſſi trouver plus de facilités, de ſecours & d'aſſiſ-
tance pour lui rendre ſon premier luſtre; & pour
ſignaler parmi ceux qui doivent ſuivre, *le ſiècle* qui
aura vu ſa reſtauration.

SECONDE PARTIE.

Les changemens de cette Langue, ou les altérations qu'elle a éprouvées.

POUR montrer quels ont été les changemens, en partie, il faut poser un texte précis & clair, par les mots duquel on pourra juger de la manière dont la Langue a été altérée. L'on en prendra un ancien, connu à beaucoup de ceux qui savent lire. Ce sera le commencement du Livre de la Genèse, ou du premier des cinq Livres qui forment le Pentateuque, duquel on donne pour Auteur, Moïse, fils d'Amram, Légiflateur des Hébreux.

CELTIQUE.	FRANÇOIS.
Da ghéntan Doué à crouas an Evo, ag an Douar :	*Au commencement, Dieu créa les Cieux & la Terre :*
Ag an Douar évoa din-dan ev, à beü et.	*Et la Terre étoit couverte d'eau, & noïée.*

Ces deux textes ne paroissent plus se ressembler aujourd'hui, & l'on auroit peine à se figurer que

c'eſt cependant la même *Langue*. Une courte expo-
ſition va le démontrer.

CELTIQUE.	FRANÇOIS.
Aou kément zé ment,	*Au commencement ,*
Té uz crouas lé Kéievo,	*Dieu créa les Cieux & la*
ét la Ter rez :	*Terre :*
Et la Ter rez et voa et	*Et la Terre étoit cou-*
couvé er été d'ev , & en	*verte d'eau, & noiée.*
evo i é.	

On voit d'abord , que le changement de lecture
du mot commencement , qu'on lit comme ſi *e* étoit
a, déguiſe abſolument ce mot, ainſi que tous les
autres de ſon eſpèce ; qui font les ſubſtantifs François en *ent*, les mêmes que les Latins terminoient
en *entum*, tels que *Firmamentum*, *veſtimentum* &
autres.

Il en eſt de même des adverbes François, *pru-
demment, triſtement, fortement,* & autres. La finale
de ces deux eſpèces de mots , n'étant autre que le
mot Celtique, *Ment,* qui ſignifie grandeur, por-
tion, partie, de prudence , de triſteſſe , de force.

Le Latin, qui a pris deux autres finales pour
former ſes adverbes, n'a pas déguiſé plus finement
ſa priſe , en compoſant *prudenter, conſtanter* & *for-
titer.* En effet, la finale *ter,* qui ſignifie dans la

même Langue Celtique, *brifure*, *morceau*, *por-tion*, *partie*, qui eſt la racine d'*alter*, autre, & d'*altéré*, ne couvre pas mieux le larcin, & ne préſente pas un ſens différent de l'autre. La ſeule diſparité qui ſe trouve, c'eſt que dans le Latin, on emploie le fragment tel qu'il eſt; au lieu que dans le François, il eſt déguiſé par la prononciation, comme ſi l'on avoit craint encore qu'il ne ſe décélât, & qu'on ne parvînt plus aiſément à le reconnoître.

On demande ici quelle perte il y auroit pour la Langue Françoiſe & pour les Etrangers, qui ont tant de peine à lire autrement qu'ils ne voient écrit, ſi l'on prononçoit ces mots tels qu'on les trouve, *ment*, au lieu de *mant*; & comme le *mentum* Latin, & le *ment* Ombrien, l'original ou le père de ce mot.

Le *Dieu* des François, eſt le *Deus* des Latins; le *Teos* ou *Zéuʒ* des Grecs, le *Té uʒ* des Celtes, & l'*Héʒus* des Thraces, tous diſans la même choſe, & rapportans le même ſens : *Té uʒ*, tu es au-deſſus, l'Être Suprème; *Zo voar mé*, qui eſt au-deſſus de moi; même ſignification des différens noms de la Divinité dans tous les idiômes de la terre.

Le mot *créa*, qui paroît adouci de *crouas*, exiſte, à l'exception de la dernière lettre qu'il a perdue; c'eſt celle qui diſtingue tous les *Aoriſtes* qui man-

quent dans l'Hébreu, *as* , *ras* , *roas* , *aras*; il alla,
l fit, il donna , il laboura. C'est la même qui se
etrouve dans les prétérits Latins, *arasti* , *aras té*
ou *aravisti* , *ar a voes té* , *creasti* ou *creavisti*; de
même , tu *créas*, ou tu fus *créant*. Ainsi donc, la
suppreffion de cette feule lettre, forme un barba-
rifme d'autant plus incongru, qu'il fert de prétexte
pour reprendre très-mal à propos les habitans du
commun des Provinces intérieures du Roiaume,
defquels on fe moque *très injuftement* , lorfqu'ils
parlent fuivant la règle , & qu'ils ne difent pas,
je *frappai*, je *tappai*, en faifant un pléonafme,
& en emploiant deux fois le pronom perfonnel;
au lieu de dire, comme le *Celte Gomérite* , qui
parle exactement, & qui n'a perdu, ni fa Langue ,
ni fa prononciation, comme l'Hébreu & le Romain, *mé ras* , *mé dappas* , *mé aras*, *mé laras*.

Qui croiroit, ce qui cependant eft bien vrai, que
le mot *Cieux*, François, l'ancien *Kieu* , n'eft autre
que *Ké i ev* , la haie des eaux , l'*Ouranos* Grec;
Evo rann, les eaux féparées, le *Sham maim* des
Hébreux; *Sam aiv* , l'élévation des eaux , le *Sov-*
ven des Siamois ; *Zo ev en* , qui eft l'eau, l'Azure
du Zanguebar; *A zour é*, c'eft l'eau, comme tant
d'autres, fignifians tous la même chofe, ce qu'il
feroit ennuieux de remarquer. C'eft une démonftration inconteftable & sûre, mais pour laquelle il
faut fe reftraindre ici.

Notre mot *eau*, *eaue*, *aive*, *aiv* ou *ev*, eſt trop reconnoiſſable, pour qu'on puiſſe s'oppoſer à l'évidence de la réclamation. Le mot brévage ou breuvage, *bér évach*, la liqueur qui coule, & que l'on prend pour ſe déſaltérer ou étancher la ſoif : *zo éf*, ou l'envie de boire, comme le dit le mot, eſt encore un témoin qui ajoute à la preuve; & qui, avec l'autre, ſuffit pour la compléter.

Le mot *Ter*, qui commence le nom de la Terre, ou du petit globe que nous habitons, eſt le même que celui qu'on a vu précédemment; joint à *rez*, il déſigne le *rez*, la terre, ſéparée ou diviſée des autres corps qui roulent dans l'eſpace immenſe, ou dans l'étendue qui contient les autres mondes, dont nous ſommes entourés. Il n'y a de différence, que de la grandeur, de celui-ci à un autre; & *Ter*, ſignifie ſéparé, morceau ou briſure de quelque groſſeur ou dimenſion que ce ſoit.

Le mot *étoit*, n'eſt pas moins reconnoiſſable; c'eſt notre *voa*, *étvoa*, le même que *erat*, *evat* ou *ebat*, Latins, avec le participe; *et allé*, mis au bout, ſe retrouvant dans le *was* Anglois, dans le *war* Allemand, dans le *hafwa*, Suédois, les *havoa*, *havoh*, *havoe*, Hébreu, Caldéen, Siriaque; & dans tant d'autres, qui ne ſont que les mêmes, à parler exactement.

On eſt tenté de rire, & cependant on auroit

envie de pleurer, quand on voit le *maſſacre* des Innocens, ou le carnage horrible qu'on a fait, & qu'on fait encore journellement, des mots de cette *belle Langue*, après les avoir tordus de différentes manières, & les avoir rendus méconnoiſſables par les bleſſures cruelles, & la façon dont ils ſont eſtropiés. Ceci exige encore un peu de détail, & l'on prie d'avoir la complaiſance de l'excuſer.

Les noms ſubſtantifs, qui déſignent l'*Acteur*, celui qui opère, qui exerce quelque acte ou profeſſion, ſont dans la Langue Celtique, invariablement terminés en *er*. *Caner*, par exemple, Chanteur; *Lenner*, Liſeur; *Ader*, Semeur; *Tenner*, Tireur, & autres.

Le féminin eſt formé de celui-là, avec la même exactitude & la même régularité, par la ſillabe *és*, dans ces noms comme dans tous autres d'eſpèce différente, mais qui ont auſſi, comme eux, un féminin. Ainſi, de *Caner*, *Canerés*; Chanteuſe; de *Prins*, *Prinſés*, Princeſſe & autres. Rien n'étoit plus facile que de s'y tenir, on auroit eu des mots invariables, auſſi aiſés à apprendre & à retenir. qu'à prononcer.

Mais, qu'a-t-on fait? On a d'abord allongé la ſillabe *és*, & l'on en a fait *eſſe* en la doublant; ça été apparemment pour prendre le bel *iſſa* des Italiens & de la baſſe Latiniré.

Mais ce n'eſt pas tout ; on a confondu & mis dans le même rang, la ſillabe *euſe*, qui vient d'ailleurs ; de ſorte que de MM. les François, les plus habiles, *Voltaire*, la *Harpe*, d'*Alembert*, ſe ſont trouvés dans l'embarras, pour décider laquelle de ces finales étoit la vraie ; ſi l'on doit dire *Enchantereſſe* ou Enchanteuſe, comme on dit *Chanteuſe*; Devinereſſe ou Devineuſe, & tant d'autres de même eſpèce ou formation.

Il eſt conſtant, que la ſillabe *és*, qui eſt la diſtinctive du féminin, conſervée pure & ſans altération, auroit fixé invariablement, comme elle le fait en Celtique, tous les mots de cette compoſition.

Le mot *abl*, chez nous comme chez les *Gallois*, ou les Bretons de l'iſle, nos frères, eſt l'adjectif, qui marque l'aptitude ou l'habileté à une choſe ; c'eſt l'original de l'*habilis* Latin, allongé ; c'eſt la finale de notre mot *capabl*, capable François ; *cap-abl*, tête propre à ce que l'on en attend.

Ce mot à la fin de tous nos adjectifs de cette terminaiſon, qui leur donne la puiſſance & la vie, eſt immuable, & ne change point. Que d'embarras ſon changement ne donne-t-il pas dans la Langue Françoiſe ? Que de diſputes interminables, & qui ſeroient terminées à la vue de l'original, pour ſavoir ſi l'on doit dire *able* ou *ible*, défenſable ou défenfible, exécutable ou exécutible, & tant d'autres, dont l'énumération ennuieroit. Il eſt ſûr, puiſque ce n'eſt pas le Latin qui a donné l'exiſtence aux mots de cette eſpèce, que ce n'eſt pas au Latin qu'il faut recourir pour trouver la règle de cette formation.

L'adjectif, dans la Langue des Gaulois, eſt le même que l'adverbe, & eſt indéclinable comme lui. Il ne change, & il n'admet aucun autre augment ou addition que la ſillabe, qui, du poſitif, forme le diminutif, le comparatif, le ſuperlatif & l'admiratif. Le mot qui eſt, & qui ſignifie juſte, va le montrer bien ſuccinctement. *Juſt*, *juſtig*, *juſtoh*, *juſtan*, *juſted*; juſte, un peu juſte, plus juſte, le plus juſte, qu'il eſt juſte! En voilà cinq bien comptés, ſi l'on ne ſe trompe, quelle autre Langue de la terre en a conſervé autant?

Que d'embarras épargnés encore, ſi, à l'imitation des Romains, copiſtes ſerviles des Grecs, on ne s'étoit pas aviſé de décliner ces noms, indéclinable de leur nature. Il eſt vrai que dans la Langue Françoiſe, il n'a reſté qu'une lettre au ſingulier, & deux au pluriel de la déclinaiſon inutile, puiſqu'elle ne fait autre choſe que défigurer les mots; mais puiſqu'on pouvoit s'en paſſer, il y en a trop encore; & l'excès n'eſt pas moins *vice*, que le manquement ou défaut.

La formation des diminutifs, qui étoit auſſi toute faite d'une manière ſimple & aiſée, a donné de même bien des embarras. En ſe tenant à la ſillabe diſtinctive du diminutif dans *juſt-ig*, & qui opère ſur l'adjectif comme ſur l'adverbe, puiſqu'ils ne ſont qu'un, on l'avoit tout formé. On le voit dans l'*iculus* des Latins, qui, par ignorance ou par crainte d'en manquer, en ont pris deux pour un ; l'*ulos* des Grecs, qui eſt la fin de leur *iculus* ; & l'*ig* des Celtes, qui eſt le commencement. Double emploi, cependant, qui ne decèle, ni les connoiſ-ſances exactes, ni la fineſſe du goût. On eût été ſûr de ne ſe jamais tromper, & d'avoir ces diminu-tifs formés d'une manière auſſi expéditive que na-turelle, puiſque cette ſillabe *ig*, déſignant la peti-teſſe, la pointe ou l'extrêmité, elle ſe trouvoit la marque *diſtinctive* de la diminution, ou défaut de grandeur, comme le *lein* Allemand.

C'eſt quelque choſe de plaiſant encore, que de voir comment la ſuppreſſion d'une ſeule lettre a défiguré les noms de nombre, qui ſont cependant les mêmes ; ſi l'on excepte ceux, *quatre* & *cinq*, dans leſquels les Romains aïant lu à la place du *p*, la lettre *q*, bâtarde, que les Gaulois n'ont jamais adoptée ; ils ont fait de *penp*, *quenq* ; & de *petvoar*, *quatuor*. Il faut mettre ſous les yeux ces noms.

Celtique.	François.	*Celtique.*	François.
Eun,	*Un.*	Euneg,	*Onze.*
Daou,	*Deux.*	Daouzeg,	*Douze.*
Tri,	*Trois.*	Trizeg,	*Treize.*
Pévoar,	*Quatre.*	Pevarzeg,	*Quatorze.*
Penp,	*Cinq.*	Pemzeg,	*Quinze.*
Houéh,	*Six.*	Hoezeg,	*Seize.*
Seiz,	*Sept.*	Seiteg,	*Dix-sept.*
Eiz,	*Huit.*	Eiteg,	*Dix-huit.*
Nav,	*Neuf.*	Naounteg,	*Dix-neuf.*
Dég,	*Dix.*	Ug-ent,	*Vingt.*

Qui dira, par exemple, que le *dég* n'eſt pas dix, & le père du *decem* Latin, du *déca* Grec ? Que les *unzeg*, *daouzeg*, *trizeg*, ne ſont pas les onze, douze & treize, dont le *g* a parti ; & qui, en perdant cette lettre, qui étoit la marque indiſpenſable du *dég*, dix, ajouté aux unités, les a rendu comme le Renard de la Fable, riſibles & écourtés ? Cependant, la prononciation de cette lettre n'étoit guères pénible, elle eſt conſtament dans le bec ; & ſi fréquente en pluſieurs autres Langues, qu'on peut s'y accoutumer ſans effort.

On ne ſait encore ſi l'on doit être joieux ou triſte, lorſqu'on voit en combien de manières on a fait uſage de notre pauvre verbe *on*, je ſuis. C'eſt la première perfonne du préfent de l'indicatif du verbe *être*, le même que les Grecs ont pris pour leur participe, *on*, *ontos*, l'être exiftant, l'objet de l'Ontologie.

Il fignifioit originairement, & il fignifie bien encore, *j'exifte*, *je fuis* : Breton *on*, je fuis Breton. Il défignoit donc la première perfonne, & on l'a mis en François pour une troifième, que l'on ne connoît pas, & qu'on ne peut deviner ; par cette belle trouvaille, on a compofé la plus abfurde des locutions.

En effet, quand on dit, ou quand on écrit *on eft*, on exprime exactement ces mots, *on es té*, *je fuis*, *tu vas toi* ; au lieu que dans la Langue Celtique, il y avoit des mots exprès, & différens des autres, pour rendre exactement ce que l'on veut dire par *on*. *E voar*, par exemple, *on eft* ; *e voat*, on étoit ; *e voet*, on fut ; & ainfi des autres. *Er*, on va ; *aer*, on ira ; *afet*, on iroit.

L'abus qu'on a fait du préfent rappelle celui qu'on a fait du participe paffé. Ce dernier, cependant, étoit fi inaltérable & fi beau, qu'il paroiffoit à l'abri du caprice des hommes, & des injures du tems. Il faut avouer auffi, qu'il fe retrouve encore peu défiguré dans une partie des Langues de la terre, malgré la révolution des fiècles, le mélange des Peuples, & le bouleverfement des Nations.

Et,

Et, allé, paſſé; en Celtique, *bét*, été.

Eth, *veth*, en Hébreu, le même.

Etha, *éthé*, en Caldéen, *eté* de même.

Etho, *atho*, Siriaque, même ſens.

Étos, *eté*, *éton*, Grec, le même.

Etus, *eta*, *etum*, Latin.

Eto, *eſtato*, *ſtato*, Italien.

Été, François, & aux mots acheté, completé.

Et, Allemand, mais abandonné pour *en*.

Ed, en Anglois, qui ne l'ont changé que dans *béen*, au lieu de *bét*, eté.

Le même, donc, en dépit du tems, chez preſque toutes les Nations qui n'ont pas perdu un des mots les plus néceſſaires dans les Langues humaines.

Tel eſt ce participe immuable & indeſtructible, indéclinable tout comme l'adjectif, dont il eſt une eſpèce, d'uue brièveté admirable, & d'un uſage ſi commode en tous tems & en tous lieux. Il l'eſt d'autant plus, qu'étant ajouté ou mis avec le thême ou le mot radical de tout autre verbe, il en forme le participe avec la même facilité, comme *canet*, chanté; *choazet*, choiſi, & ainſi des autres.

Après quoi, mis avec le verbe *être*, *é*, il eſt, troiſième perſonne de *on*, je ſuis, il fait le verbe paſſif, ſans qu'il y manque, ni mode, ni tems, ni nombre, ni perſonne. *Canet é*, il eſt chanté; *canet on*, je ſuis chanté. Cette combinaiſon, auſſi ſimple qu'il

en puiſſe être dans la nature du langage ou l'arrangement des mots, offre ainſi la conjugaiſon courte
& facile, expéditive & ſans embarras, exemte de
confuſion & d'amphibologie.

N'eſt-il pas étonnant que les François, ſi *ſpiri-*
tuels & ſi *éclairés*, aient juſqu'à préſent méconnu
ce beau participe, Prototype de tous les autres,
dans le langage humain, & qu'ils l'aient emploié
indiſcrètement dans leur conjonction *et*? Il eſt vrai
qu'un mot qui exprime le paſſage ou la tranſition,
paroiſſoit de miſe, quand d'une choſe on paſſoit à
une autre; mais n'aiant plus *et* pour remplir ſes
fonctions importantes, ils ont pris le mot *été* à ſa
place; celui ci alors en dit plus qu'il ne faut, car *été*
ſignifie il eſt allé; & il ne faut qu'un des deux,
quand on ne veut pas dire l'autre, ou quand il ne
faut pas les exprimer tous les deux à la fois.

C'eſt par-tout de même, & l'on n'y voit que de
la confuſion. Il n'eſt pas de termes, juſqu'aux *né-*
gations, qui ne ſoient emploiés dans la Langue
Françoiſe, ſans diſcernement & juſteſſe, & ſans
qu'on ſache ce qu'ils peuvent ſignifier.

Non, par exemple, qui eſt notre *n'a onn*, & qui
exprime *je ne ſuis pas*, fait ſouvent un menſonge
dans la bouche de celui qui a prononcé ce mot.
En effet, quand on demande à une perſonne, ſi
une autre qu'elle a vu ſortir y eſt; & quand elle

épond *non*, elle ment effe&ctive;ment. *Ne* , fignifie n'eft pas; *na é*, nani, tu n'iras pas; *nannin*, je 'irai pas moi. N'eft-il pas furprenant qu'on fe erve fi fréquemment de toutes ces petites pièces , x qu'on ignore abfolument leur valeur , & ce qu'elles fignifient dans l'exa&ctitude; & la vérité?

Telle eft en partie la Langue que parloient vos Ancêtres , & c'eft à quoi l'on fe borne quant à préfent ; car on vous excéderoit fûrement , fi l'on vous en difoit plus ; auffi, dans un premier début , on n'a pas entrepris de tout dire , ni de tout expliquer ; peut être il y en aura trop peu pour plaire , & trop pour ne pas ennuier. Quoiqu'il en foit , on n'a pas voulu fouffrir ignorer le tout, ni laiffer les François , tels qu'étoit le Conful Mummius lorfqu'il faifoit charger les chef-d'œuvres de Corinthe , & qu'il difoit aux voituriers & aux maîtres du tranfport; « qu'ils lui en fourniroient d'autres pareils , à » leurs propres frais , s'ils venoient à perdre ou à » gâter ceux qu'on leur confioit ».

Ce qu'on offre , eft , fans contredit , refpe&ctable; & de *prix ;* s'il a été méconnu , ce n'eft pas nous , dira-t-on , qui en avons été la caufe ; l'on a , il eft vrai , des Do&cteurs;, des Sociétés favantes , & des Académies ; mais leurs études , fuivant les apparences , font tournées ailleurs , & ont des objets plus *fublimes* , & plus dignes de les occuper ; c'eft ce qui, peur-être, a empêché de jetter les yeux fur un objet moins confidérable, mais qui cependant devoit intéreffer un peu.

Quoiqu'il en foit, un de ces hommes auxquels *le dépôt* eft refté, chez lequel *cette belle Langue* fe retrouve à la main & dans la bouche, *exiftante* en entier, *vivante* & *parlée* encore, *clef générale des Langues de la terre*, defquelles aucune n'eft étrangère par ce moyen, invite à accepter ce qu'il feroit inconfolable de voir tomber avec lui.

Il fait même quelque chofe de plus : & s'il exifte encore *quelqu'un* de ces hommes généreux, qui encouragent ceux qui s'occupent des Sciences; pleins d'ardeur & de zèle pour en avancer les progrès, comme on l'a vu par les effets, fans connoître les perfonnes dont les dons ont été confiés à deux des Academies; qu'ils indiquent au propofant le moyen de leur annoncer fon projet, il aura l'honneur de leur préfenter en peu, de quoi leur complaire & remplir leurs defirs; & en mêmetems, de quoi opérer dans *l'étude des Sciences*, dans les Arts & les Mœurs, qui fe tiennent par une chaîne qu'on ne fauroit détruire, la plus glorieufe & la plus *defirable* des révolutions.

Si jufqu'à préfent cette entreprife a trouvé des obftacles & éprouvé des retardemens, ce n'a été qu'à défaut de protecteurs. Rien en France ne peut

avancer fans eux ; & par une chance particulière ,
on n'a pu en trouver encore d'affez puiffans pour
mettre en état d'affurer le plus précieux des dé-
pôts , & d'exécuter l'entreprife la plus utile à l'*inf-
truction des Nations.*

« Tous les hommes peuvent s'adreffer à Dieu ,
» peu d'entr'eux peuvent arriver jufqu'aux Rois.
» La bonté des Souverains, circonfcrite dans le
» cercle brillant de ceux qui les entourent, voit
» fouvent fes effets bornés au petit nombre de ceux
» qui ont l'honneur de les approcher. Ceux - ci
» écartent avec dédain , tout homme qui veut s'a-
» vancer fans avoir leur attache ; lorfque cet
» homme peu chanceux , n'a pour lui que des
» talens & des *connoiffances utiles*, avec les droits
» de la raifon & de l'humanité ».

L'honnête homme n'eft pas effronté. Les gens
de bien, comme l'a dit *n'a guères* le Monarque
Régnant fur les defcendans de ces antiques Gaulois , font aifés à reconnoître ; « ils ne demandent
» rien , & ne méritent que plus d'attention ; c'eft
» donc une affaire d'équité, comme l'a dit ce
» fage Souverain , & *parole de Roi* doit valoir
» *effet*, de donner à ceux , qui n'aiant , ni amis ,
» ni protecteurs , méritent par cette raifon , d'être
» plus promptement & plus efficacement fe-
» courus .

Si ce morceau, qui contient des vérités *An-ciennes*, & en même-tems nouvelles pour la plupart de ceux qui le liront, méritoit un accueil favorable; on prend la liberté de le folliciter pour lui. Dans le cas oppofé, qu'il ferve à exciter nos Doctes & nos Docteurs, à donner quelque chofe de meilleur & de plus inftructif, fur *un Sujet*, qui mérite fûrement de leur part une attention particulière, puifqu'il n'en eft aucun plus utile pour le progrès des Sciences, plus digne qu'on y regarde, & plus intéreffant pour la Société humaine, quelle que foit la place de fes individus.

ÉCLAIRCISSEMENT

Sur l'Extrait de M. DE GUIGNES, de l'Académie des Inscriptions, du Prospectus de l'Ouvrage, la Langue Primitive conservée; par M. LE BRIGANT, Avocat.

Journal des Savans, premier Avril 1787.

J'AI lu votre Extrait, Monsieur, d'abord avec empressement, & ensuite avec regret, quand j'ai vu vos doutes sur ce que j'ai dit, *avec assurance,* que mon Ouvrage contiendroit. Mes preuves, en partie, étoient déjà faites dans ceux que j'ai donnés : la Dissertation sur *les Celtes de mon nom, Bréghente,* dans le Tirol, 1762 ; le *petit Glossaire* imprimé à Brest en 1774 ; & *les Élémens* de la Langue des mêmes Celtes Gomérites, imprimée à Strasbourg en 1779, desquels votre Journal a fait mention en tems ; & dans quelqu'autres écrits, qui ont obtenu des suffrages propres à encourager, mais qui, peut-être, n'ont point paru assez considérables pour mériter votre attention.

Au début de votre Extrait, j'ai cru que vous alliez m'indiquer quelqu'un de ces précieux Livres, ou d'*Enoch* ou de *Thod*; de ces *Mémoires curieux*, que l'on dit avoir servi à Moïse, pour la rédaction de ce qu'il a laissé par écrit; si vous m'aviez rendu ce service, mon procès étoit gagné d'emblée. En effet, ces Livres ne pouvoient être écrits que dans cette Langue *Anté-diluvienne*, tant recherchée par le savant Leibnitz & dont Gorope Bécan, Scrickius Rodorn, Scultens, Morin, Calmet, Engel, Bullet, de Brosses, Gébelin, Kalmar, Dom Hervas & tant d'autres, ont fait mention, sans avoir pu la trouver.

Puisque vous ne m'avez pas fourni ce secours, il faut que je m'en passe, & que je fasse mes preuves avec ce qui nous reste de plus ancien. Ce sera, si vous le voulez-bien, avec le commencement du premier des cinq Livres de cet Écrivain Hébreu, *Moïse*, le plus antique de ceux qui nous restent, sans excepter même le vieux Sanchoniaton.

HÉBREU.	CELTE GOMÉRITE.
Béreschit Barah Elo him eth ha Sham maim, vé eth ha Aretz :	Bé ras kent Bé a ras El oh i et ar Sam aiv, vé ét ar Rez :
Vé ha Aretz hai é tha tohu vé bohu.	Véar Rez a ai ta toeu vé boeu.

Le sens des deux textes est le même, & vous allez voir ce qu'ils disent tous les deux.

« Quand il fit d'abord , l'*Être Suprême*, il fit
» exifter l'élévation des eaux , les *Cieux* ; & le Rez,
» *la Terre.*

» Et la Terre alloit donc , *étoit* , couverte d'eau ,
» & noiée ».

Si , comme vous l'avez pu voir dans les autres
textes comparés , & comme je l'ai démontré à
Londres , en 1769 , *à David Lindo*, Juif de l'Inde,
& à cinq ou fix cents de fes frères ; & cet Ifraëlite
étoit autant fupérieur à fes contemporains pour le
favoir, que l'étoit aux Grecs de fon tems cet autre
Hébreu , qu'*Ariflote*, Inftituteur d'Alexandre, difoit avoir vu en Afie ; fi, donc, les deux textes
pofés ne préfentent pas le même fens , avec prefque les mêmes fons , je fuis prêt à reconnoître que
je me trompe , & que je ne mérite pas qu'on m'en
croie. Mais fi le fait eft vrai, comme d'autres peuvent le voir auffi bien que vous , il faut avouer qu'il
y a eu de l'humeur à fe refufer à l'évidence , & à
la conféquence qui doit en réfulter ; « que ces deux
» Langues paroiffent deux fœurs, dont l'aînée doit
» être reconnue pour la plus ancienne ; & nous
» fommes d'accord, prefque malgré nous, fur un
» des points principaux qui nous diviföient ».

Voilà d'abord un fait dont il n'y a plus à dif-
convenir. Mais pour votre queftion, d'où viennent
les *Celtes*? Elle m'a fait de la peine par rapport à

vous. Ils viennent de *Keled*, leur père, celui que les Arabes ont nommé le père des enfans de *Ka-lédan*. Le même que le *Japhet* des Hébreux, dont le nom fignifiant comme l'autre, étends ta haie, tes limites, tes bornes, défigne celui dont la poftérité peupla d'un côté l'Afie; & de l'autre, notre Europe, *Evropenn*, l'extrêmité du partage, les ifles des Nations. Le même que le *Iapetos* d'Héfiode, qui époufa l'*Océanide* Climene, *Kallifphiron* aux beaux pieds, celui duquel eft iffu l'*audax Iapeti genus*; & enfuite, les *Japhides*, *Japhidis*, les *Japhodes* ou *Japhidiens*.

C'eft le Patriarche de cette Nation Antique, divifée en Celtes *Gomérites*, Celtes *Scithes*, & autres venus de lui. Ces Gomérites, *Gombriges* ou *Phrigiens*, les mêmes que ceux que les *Egiptiens*, vos Bons amis, reconnoiffoient pour la Nation la plus ancienne de la Terre, & l'aînée de toutes celles qui l'avoient peuplée.

Ce font encore ces *Aletai* de Sanchoniaton, ces *Kéletim*, Cavaliers de David ; car nous autres, *Celtes Gomérites* ou *Bretons*, avons toujours bien fçu manier les chevaux, & montrer qu'ils font faits pour nous porter. Ces *Keltoi* des Grecs, défignans de bons Cavaliers : entr'autres, les Péléthroniens, *Pélétroni*, -nous tournons au loin, nous chevauchons long-tems; auxquels, comme a dit

Virgile, on doit l'invention des freins, des brides & des mords.

Fræna Pelethronii lapithæ, girofque de.*ere impofiti dorfo*, &c.

Vous faites grand tort à l'idée que l'on a de vos rares connoiſſances, lorſque vous venez dire que ce n'eſt que depuis les Romains, que le nom de *Celtes* nous eſt parvenu.

En effet, Hérodote, Onéſicrite, Scimnus de Chio, Ariſtote, Zénodote de Trézène, Diodore de Sicile, Erathoſthène, Scylax de Cariande, Pithéas de Marſeille, & tant d'autres, ſi je ne me trompe, n'étoient pas Romains. Ils parlent des *Celtes* nominatim, où en les nommant. C'eſt l'interruption de cette belle chaîne, que leurs témoignages réunis forment, & dont les bouts échappent quelquefois à ceux qui ne tiennent pas bien, qui vous a rendu ſi peu complaiſant pour les autres, ſi difficile, & ſi peu accommodant.

Vous n'avez du tout point ſaiſi l'eſprit de mon *Proſpectus*; je ne propoſe point de rechercher, mais je préſente comme n'aiant jamais été *perdue*, cette Langue, qui doit être la plus Ancienne, parce qu'elle eſt la plus ſimple, la plus parfaite, & la mieux conſervée; celle, en un mot, dont toutes les autres ne ſont que des *ruines* ou des *lambeaux*.

C'eſt celle, qui, graces au Dieu de nos pères,

exiſte encore dans mon petit païs ; à *Pontrieux*, en baſſe Bretagne ; dans l'iſle Britannique, dans l'Amérique, où l'on a trouvé cette Colonie de *Gallois* ſortis de l'Europe avec M*ADOC*, leur Prince, dans l'onzième ſiècle ; dans l'Inde, où la Langue *Hanſcrite* ſe retrouve encore la même qu'elle ; dans les Iſles de la mer du Sud ; & enfin, dans le fond de tous les idiómes du globe que nous habitons.

Je n'ai rien décompoſé, comme vous l'avez cru ; c'eſt au contraire, la compoſition entière, que j'ai prétendu montrer. J'ai déjà eu cette ſati-faction vis-à-vis de pluſieurs de MM. vos Confrères ; & ils ont vu, comme moi, que nous ne pouvions rien défaire, ni rien détruire ; que le *fond des mots étoit inaltérable*, & innacceſſible à tous nos efforts.

Je n'ai rien appliqué non plus ; mais j'ai mis les mots les uns à côté des autres, afin qu'on les vît enſemble ; & j'ai ſoumis aux Savans, comme à ceux qui ne ſe piquoient pas de l'être, mes expériences, & l'examen de mes aſſertions. Tous ont été ſurpris, comme je le fus d'abord, en voiant comment ces mots ſe retrouvent les mêmes ; comment, avec les mêmes *ſons*, ils conſervent le même *ſens* & la même *ſignification*.

Quand j'ai poſé l'Hébreu vis-à-vis du *Celtique*, quand j'ai fait de même pour le *Hanſcrit*, je n'ai rien falſifié, ni changé. Il faudroit, dites-vous, connoître & voir les *retranchemens*, mais j'affirme qu'il n'y en a pas; & les Dictionnaires, quoique défectueux, font mes preuves. Que vouliez-vous qu'on vous offrît de plus? Vous auriez dû, s'il vous falloit autre choſe, la demander & l'attendre, puiſque ce que vous voyiez ne vous ſuffiſoit pas.

« La dénégation d'un fait, eſt un moyen bien » foible pour le détruire; & en bonne Logique, » une choſe ne doit pas ceſſer d'être, parce que » vous l'ignorez ».

Vous me faites trop d'honneur, Monſieur, en me ſuppoſant *aſſez Grec* pour former des Monoſillabes, c'eſt un acte ſupérieur à nos forces; & ils étoient formés avant qu'il fût queſtion de nous. *Véhi or*, *à voéor*, font des mots anciens & peu deſtructibles, & que vous pouvez croire que je n'ai point forgés. Il eſt triſte pour moi, mais plus pour vous encore, de m'avoir cru capable d'une telle ſupercherie.

Vous vous êtes trop avancé; & c'eſt ce qu'on m'a dit vous être arrivé ci-devant, vis-à-vis de feu *M. Gébelin*, mon Emule; vos Confrères n'approuvèrent pas votre marche, & cependant vous y revenez encor. Vous auriez dû vous garder de la Récidive, & vous abſtenir de cette aſſertion plus que haſardée : *« que pour ramener ces monoſillabes*

» à leur ancienne origine, je leur ai fait souffrir » des *tortures* plus confidérables encor ».

Il eft étonnant, qne vous aiez vu précifément le contraire de ce que je pofois en démonftration, & que vous aviez fous les yeux. C'étoient ces mots inaltérables, & confervés tels, que je donnois pour la plus belle des preuves, & que je priois d'exami-ner. Vous vous êtes refufé à l'évidence, & vous avez contefté ce qui étoit clair comme le jour.

Vous demandez fi un *Breton* entend les mots employés ou donnés pour exemple? Et puis, fans attendre fa réponfe, vous la donnez vous-même; & vous dites, *il y a apparence que non*. Il falloit au moins interroger ce Breton, ou confulter les Dictionnaires; mais vous avez aimé mieux déci-der autrement. Il vous a paru, peut être, trop Étrange, qu'un *Breton* de baffe Bretagne en eût plus fçu qu'un autre fur ce point, & eût pu trouver une chofe que l'on cherchoit depuis fi long-temps.

Je ne fuis pas moins furpris, que vous avez paru l'être, de la prévention que vous montrez encore, en difant « que vous ne trouvez dans le Celtique, » autre chofe que votre François corrompu ». En vérité, cela n'eft point pardonnable : & vous m'a-vouerez que tout autre en l'avançant, fe feroit compromis. En effet, *ce François*, depuis quand prend-il date? Il feroit hors d'œuvre de s'arrêter à le dire ici, en rappellant l'époque de fa naiffance & de fa formation. C'eft un point fur lequel on a des inftructions fûres, mais ce n'eft pas ici le moment de les donner.

Si j'ai trouvé des rapports fi frappans entre le *Hanfcrit* & ma Langue, comme le Mercure de France, Septembre 1779, l'a fait voir aux Savans de l'Europe avant mon Profpectus, en les étonnant; il y a eu, fauf refpect, de l'injuftice à me rendre *fufpect*, en difant : « s'ils étoient tels qu'il les » préfente ». Et je mets les mots fous les yeux : que vous faut-il de plus ? Vous rappeller l'idée que je vous ai déjà préfentée : « que le défaut de connoif- » fance d'une chofe, chez un individu, n'eft du » tout pas la preuve qu'un autre ne l'ait pas ».

Vous avez fait *au rebours* de ceux qui n'examinent point le fond d'un fiftême, & qui font néanmoins frappés des preuves qui en font la Démonftration. Elle marchoit avec l'expofé; & vous n'avez pu manquer de voir, comme les autres, ce qui étoit à votre portée ; mais au lieu de laiffer paffer la chofe, s'il en coûtoit trop à votre amour-propre de rendre *témoignage à la vérité*, vous avez mieux aimé lancer cette affertion plus que hafardée : « que c'étoit la preuve d'un *travail* forcé, & » de la *torture* que j'ai donné aux mots ».

Il falloit vous contenter de juger de ce qui fe

trouvoit à votre portée, comme de ces Vers de Virgile, que nous expliquions en quatrième.

Arma virumque cano, Troiæ qui primus ab oris, &c.

Mes raisons, peut-être, n'auront pas assez de force pour vous convaincre, ni assez d'onction pour vous ramener. Dans ce cas, je ne chercherai plus à combattre votre incrédulité. Il ne m'est pas donné de guérir tous les *sourds* qui ne veulent pas entendre, ni d'éclairer tous les *aveugles* qui ne veulent point voir. Quoiqu'il en soit, j'espère que votre *Brillant Extrait* n'en aura imposé que de sorte, à ceux qui ont vu mon travail avec complaisance; & avec lui, la *découverte incontestable* d'une chose que l'on cherchoit depuis si long-tems; & qui est, quoiqu'on en puisse dire, d'une utilité si grande pour l'*instruction des Nations.*

Si cet Eclaircissement, que j'ai cru nécessaire, vous faisoit croire que je suis trop suceptible, vous vous méprendriez encor; je ne suis que reconnoissant & docile, quand on a la bonté de me montrer que j'ai tort. Mais dans le cas opposé, étant *Breton,* & Ancien Jurisconsulte, je tiens, peut-être, avec trop d'obstination à ce principe : *que la défense est de droit naturel.* LE BRIGANT.

P. S. Un Savant, dont je respecte les lumières, a bien voulu ajouter ce qui suit:

M.

M. de Guignes accuse M. le Brigant, de donner les mots *Celtiques Bretons*, qu'aucun Breton n'en-endroit *peut-être*. Ce *peut-être*, qui fait une incul-pation, étoit aisé à *lever*. 1°. En faisant lire ces mots à quelques Bretons instruits. 2°. En appre-nant soi-même le Breton. 3°. En consultant les Dictionnaires. Franchement, M. de Guignes auroit dû emploier quelqu'un de ces moiens, avant d'ha-sarder un doute qui forme une *inculpation*.

Celle des *tortures* données aux mots pour les *dénaturer*, n'est pas moins hasardée. Il falloit, ou montrer la vraie racine des mots, ou faire voir comment ils avoient été torturés, ou démontrer leur vraie signification dans la Langue dont ils sont tirés ; ou enfin, prouver qu'ils n'appartiennent à aucune Langue.

Témoignage différent de celui de M. de Guignes, sur le Prospectus de la Langue Primitive Conservée.

Monsieur, la voix publique m'apprend, qu'enfin votre Prospectus est imprimé. Vous n'êtes pas celui qui l'aviez le plus vivement desiré. Daignerez-vous agréer les complimens naïfs & bien sincères, que je joins aux hommages de l'estime, & de l'admi-ration même de la Capitale ?

D

La découverte que vous annoncez, étoit la *Pierre Philofophale*, en fait de Littérature. Ce n'eft pas feulement un fervice que vous rendiez fimplement à la curiofité, à l'érudition ; c'eft un Monument vraiment National. Il paroît que c'eft-là particulièrement le point de vue fous lequel le Gouvernement a envifagé vos travaux, en les récompenfant par une protection fpéciale. Jurifconfulte eftimable, Avocat cher à l'innocence, & redoutable à l'oppreffion ; bon Patriote, dans un fiècle où l'on naît Cofmopolite ; Sujet fidèle & paffioné, avec une ame Républicaine ; Savant profond & infatigable ; voilà bien des titres auprès des ames honnêtes ; & il faut remonter bien haut, pour trouver beaucoup d'hommes qui vous reffemblent.

Le célèbre Père Pezron, moins connu, peutêtre, par fes Ouvrages, que par leurs réfutations, avoit bien preffenti ce phénomène Littéraire ; qu'il exiftoit encore une *Langue antérieure à toutes les Langues actuelles*, émanées de cet idiôme générateur ; que cette Langue échappée aux ravages des tems, aux révolutions des Peuples, étoit *le Celte*, feul Monument qui eût furvécu à ce Peuple *aîné* de notre Europe, & peut-être du Globe ; que ce *Celte* n'étoit autre chofe que le bas Breton d'aujourd'hui. Mais Pezron, qui avoit le génie des découvertes, n'avoit point l'art de les accréditer ; il n'a-

voit point, pour fe diriger fur un Océan fécond
en naufrages, la Bouffole de l'analogie : indiffé-
rent fur les relations des Langues qu'il n'avoit
point ou pas affez étudiées, fes principes & leurs
développemens, fes preuves & leurs conféquences,
il a tout confondu dans un cercle étroit, que lui
préfentoit l'Hiftoire primitive. Et quelle partie encore de cette Hiftoire ? La Mythologie ; c'eft-à-
dire, les Métamorphofes de l'Hiftoire. Erreurs pour
erreurs, j'aimerois mieux encore celles d'un Fla-
mand, plus ingénieux que le célèbre Bernardin ,
Gorope Bécan , qui lui avoit ouvert la carrière.

Leibnitz, Savant univerfel, efpèce d'*Alcide* Littéraire, a été plus loin; il a même deviné la vérité,
qu'il vous étoit réfervé, à vous, Monfieur, de pu-
blier toute entière. C'étoit là, la ftatue d'*Ifis*, d'a-
bord enveloppée, & cachée fous des voiles multi-
pliées ; chaque fiècle dépouilloit un de ces voiles.
Hiérogliphe fublime, par lequel l'Égypte vouloit,
fans doute, exprimer les conquêtes lentes, que le
travail & le tems obtiennent fur la vérité. Vous
êtes l'heureux *Hiérophante*, qui devez arracher le
dernier bandeau, & nous montrer la Déeffe fans
voile. Leibnitz a bien vu la poffibilité d'un langage originel répandu, &, pour ainfi dire, errant
dans les autres Langages, mais il n'a pas fçu le
fixer. Au refte, il faut en convenir ici, l'univer-

falité des connoiffances nuit à la profondeur ; fes matériaux ne font pas en affez grand nombre pour bâtir un fiftême tel que le fien : ce n'eft qu'un effai, auffi chimérique que fes Monades ; mais c'eft le rêve d'un Savant, comme le projet de Religion ou de Paix univerfelle de Guillaume Poftel, & de notre Abbé de Saint-Pierre, étoient le rêve ; l'un, d'un bon Chrétien ; l'autre, d'un homme de bien.

Claude Duret, Kirker, Calepin, M. Bergier, que l'on retrouve dans tous les genres d'érudition ; tant d'autres, qui fe font exercés fur la même matière, s'accordent fur l'harmonie des Langues : elle fe montre à tous les yeux fous des traits fi frappans ! Mais combien en eft-il qui nous aient montré le fil néceffaire pour nous guider dans les détours de ce vafte labyrinthe !

Le Varron de notre fiècle, M. Court de Gébelin, dont je me ferai toujours honneur d'avoir été en quelque forte l'Elève, a développé, tantôt en Philofophe, tantôt en Erudit, les généalogies fi Ramifiées des Langues modernes, comparées avec les Langues anciennes & primitives : pourquoi l'Hiftoire du langage n'eft-elle encore fous la plume de cet illuftre Ecrivain, qu'un beau Roman ? Egaré par les finuofités de ce grand Fleuve, répandu fur toute la furface de l'Univers, il ne me paroît pas en avoir faifi la véritable fource. Qu'il y eût un *idiôme primitif*, fondu dans tous les idiômes poſté-rieurs , c'eſt là encore une fois , un principe dont vous êtes d'accord avec lui ; mais M. de Gébelin s'eſt contenté de le voir difperfé dans toutes les parties du globe , & anéanti dans fes créations ; ou bien, il a prétendu le furprendre dans un certain nombre d'Elémens donnés par la Nature. Voilà donc les molécules Organiques ; voilà les Natures Plaſtiques fi difgraciées chez nos Philofophes, qui viennent chercher un afile dans l'art Etimologique. M. de Gébelin pouvoit-il ignorer l'Anathême porté contre ces prétendues opérations de la Nature , par un Poëte dont l'autorité eſt refpeɑable au moins pour lui : μην φυσιν εμβλεψεις. *Orph. C'eſt un mot bien trompeur , que ce mot de Nature.* Il a voulu en éten-dre l'empire júfques fur les caraɑères homogènes, il eſt vrai, dans certaines Langues, dont l'affiliation ne fauroit être conteſtée , mais difparates dans la plûpart des primitives. Voyez le tableau raifonné qu'il en a fait : vous admirez l'étendue des rappro-chemens, mais fans applaudir à leur juſteffe ; & vous concluez avec ce Virgile, que vous connoif-fez à foixante ans , mieux que moi qui n'en ai que vingt-quatre :

> *Si pergama dextrâ*
> *Defendi poſſent , etiam hac defenfa fuiſſent.*

Pour vous, Monſieur, ſans être moins hardi, vous êtes plus heureux : à travers toutes les uſurpations des Langues ſucceſſives, vous ſéparez, vous iſolez cet idiôme, père de tous les autres : vous nous le faites voir toujours exiſtant, toujours créateur ; vivifiant tous les langages divers, & ſurvivant à tous ; ſemblable à l'aſtre du jour, qui répand ſes feux dans la Nature entière, pénètre tous les corps, & ſe prodigue ſans s'épuiſer jamais.

Que de lumières une telle découverte ne doit-elle pas répandre ſur l'Hiſtoire de ces Antiquités Celtiques, ſi peu connues, malgré les ſavantes recherches des Pezron, des Pelloutier, & de plus d'un Écrivain diſtingué, encore exiſtant ! Car voilà le privilège du génie, qui n'eſt pas plus étranger à l'érudition, qu'aux autres ſciences ; voilà, dis-je, un des privilèges du génie, d'éclairer à la fois un Horiſon immenſe.

Une autre circonſtance, qui la rend plus intéreſſante encore pour des François : cette Langue, dont les autres ne ſont, pour ainſi dire, que des Colonies. Cette Langue, dont l'origine paroît ſe confondre avec l'origine même de l'Univers, c'eſt une de nos Provinces qui en eſt dépoſitaire. Voilà donc une poſſeſſion de plus, ajoutée aux richeſſes Nationales. Qu'il m'eſt doux, Monſieur, d'acquitter la dette publique, en vous offrant l'hommage particulier de mes fentimens ! Achevez une entreprife, que vous feul étiez capable de former : je porterai avec orgueil le nom de votre *Difciple* : & fi je ne puis vous fuivre dans une carrière que j'ofois déjà courir avant de vous connoître ; votre gloire, du moins, me confolera de ma médiocrité.

J'ai l'honneur d'être, avec tous les fentimens qui vous font dus,

Monfieur,

Votre très-humble & très-
obéiffant ferviteur,
l'Abbé GUILLON.

APPROBATION.

J'AI lu, par ordre de Monfeigneur le Garde des Sceaux, un Manuf-crit intitulé : *Détachemens de la Langue Primitive.* Cet Opufcule m'a paru bien propre à réveiller l'empreffement du Public, pour jouir du grand Ouvrage fur *la Confervation de la Langue Primitive*, annoncé dans le favant Profpectus, connu fous le titre d'*Obfervations fonda-mentales fur les Langues anciennes & modernes.* A Paris, 18 Juillet 1787. TOUSTAIN RICHEBOURG.

EXTRAIT DU PRIVILEGE.

LOUIS, PAR LA GRACE DE DIEU, ROI DE FRANCE ET DE NAVARRE : A nos amés & féaux Confeillers, les Gens tenans nos Cours de Parlement, Maîtres des Requêtes ordinaires de notre Hôtel, Grand-Confeil, Prévôt de Paris, Baillifs, Sénéchaux, leurs Lieutenans Civils, & autres nos Jufticiers qu'il appartiendra : SALUT. Notre amé le Sieur LE BRIGANT, Avocat, Nous a fait expofer qu'il defireroit faire imprimer & donner au Public *les Obfervations fon-damentales fur les Langues Anciennes & Modernes*, pour fervir de

Prospectus à l'Ouvrage intitulé *la Langue Primitive conservée*, & *la Langue Primitive conservée*, par le même; s'il nous plaisoit lui accorder nos Lettres de Privilège pour ce nécessaires. A CES CAUSES, voulant favorablement traiter l'Exposant, Nous lui avons permis & permettons par ces présentes, de faire imprimer ledit Ouvrage autant de fois que bon lui semblera; & de le vendre, faire vendre & débiter par tout notre Royaume. Voulons qu'il jouisse de l'effet du présent Privilège, pour lui & ses hoirs, *à perpétuité*, pourvu qu'il ne le rétrocède à personne; & si cependant il jugeoit à propos d'en faire une *cession*, &c. FAISONS défenses à tous Imprimeurs, Libraires & autres personnes de quelque qualité & condition qu'elles soient, d'en introduire d'impression étrangère dans aucun lieu de notre obéissance : comme aussi, d'imprimer ou faire imprimer, vendre, faire vendre, débiter, ni contrefaire ledit Ouvrage, sous quelque prétexte que ce puisse être, sans la permission expresse & par écrit dudit Exposant, ou de celui qui le représentera, à peine de saisie & de confiscation des Exemplaires contrefaits; de *six mille livres* d'amende qui ne pourra être modérée, pour la première fois; de pareille amende & de déchéance d'état, en cas de récidive; & de tous dépens, dommages & intérêts, &c. Du contenu desquelles vous mandons & enjoignons de faire jouir ledit Exposant & ses hoirs, pleinement & paisiblement, sans souffrir qu'il leur soit fait aucun trouble ou empêchement. VOULONS que la copie des Présentes, qui sera imprimée tout au long, au commencement ou à la fin dudit Ouvrage, soit tenue pour duement signifiée; & qu'aux copies collationnées, foi soit ajoutée comme à l'original. COMMANDONS au premier notre Huissier ou Sergent sur ce requis, de faire, pour l'exécution d'icelles, tous actes requis & nécessaires, sans demander autre permission, & nonobstant clameur de Haro, Chartre Normande, & Lettres à ce contraires. CAR tel est notre plaisir. DONNÉ à Versailles le vingt-septieme jour du mois de Juin, l'an de grâce mil sept cent quatre-vingt-sept, & de notre Regne le quatorzieme. Par le Roi, en son Conseil.

Signé, LE BEGUE.

Regiſtré ſur le Regiſtre XXIII de la Chambre Royale & Syndicale des Libraires & Imprimeurs de Paris, No. 578, *fol.* 206, *&c. A Paris, ce 6 Juillet* 1787.

Signé, KNAPEN , Syndic.

Nota. L'Approbation tout au long, & le Privilège, seront imprimés à la tête du premier Tome *in-4°.*, ou à la fin du deuxième, de l'Ouvrage qu'on se prépare à mettre sous presse, & pour lequel on continue de souscrire chez M. Barrois, l'aîné, Libraire, au haut du Quai des Augustins.

De l'Imprimerie de CAILLEAU, rue Galande, N°. 64.